La mística en la vida cotidiana

Un camino universal

Fernando Bernal

La mística en la vida cotidiana
Un camino universal
Fernando Bernal

Diseño de la cubierta: Equipo de diseño de Universo de Letras
Imagen de cubierta: ©Shutterstock.com

Obra publicada por el sello Universo de Letras
www.universodeletras.com

Primera edición: 2024

ISBN: 9788410004436
ISBN eBook: 9788410265745

Dedico este trabajo a todas aquellas personas que buscan colaborar en construir un mundo mejor para todos transformando su vida en ese bien, dándose, aprendiendo, uniéndose en esta maravillosa vida.

Octubre 2023

Índice

Introducción

Hay palabras que abren nuestros límites y nos enseñan a ver más allá de ellos. Otras los refuerzan de manera evidente o sutil maquillándolos, intentando mostrarlos como si no limitaran y fueran otra cosa.

La palabra mística nos abre posibilidades reales. Abre nuestra mirada más allá de nuestro mundo personal. Abre nuestros límites.

¿Qué es la mística?

No es un concepto intelectual que podamos descubrir elucubrando sobre él.

Es una forma de vivir la vida que se descubre viviéndola.

La mística expresa el proceso de unión del alma con lo divino.

No sabemos qué es lo divino. Dónde empieza (si empieza), dónde termina (si termina), qué abarca.

En el contexto del desenvolvimiento espiritual, lo divino expresa el misterio de la vida. El campo desconocido de realidad y de trascendencia que forma parte de nuestra vida. Es de trascendencia porque trasciende los límites de nuestra personalidad habitual.

En el contexto del desenvolvimiento espiritual, la mística expresa el desenvolvimiento de la conciencia individual en un proceso de unión en la conciencia no personal. En la conciencia cósmica. En lo divino.

En este trabajo, el proceso de unión que implica la mística también lo nombramos como mística de unión. Otro nombre que utilizamos es mística del corazón. Este término enfatiza el proceso de participación que implica la unión.

En la unión nada me es ajeno. Lo que antes colocaba afuera ahora forma parte de uno. Es en uno. Y lo que le ocurre a esa parte, me ocurre a mí. Es a mí a quien me está pasando. Desde ese estado, actúo en consecuencia.

Desde el estado de unión, la acción de participación con lo que se está unido es inevitable.

Los términos de mística, mística de unión y mística del corazón son diferentes nombres para nombrar un único estado de unión en lo divino desconocido de la vida cotidiana.

Aquí nombramos también alguna vez lo divino como Divina Madre. Otras veces como lo desconocido. El nombre que utilizamos no define la realidad que nombramos. Lo divino desconocido no es un campo para especular, sino para investigar, descubrir y vivir.

La palabra amor no es un término que sea frecuente en este trabajo. No lo está como palabra, pero si como fuerza presente en cada página del texto. Está como soplo movilizador e inspirador de cada paso del desenvolvimiento de la conciencia.

El amor real es el motor que nos mueve en el proceso de desenvolvimiento espiritual. Mueve a la persona que emprende ese proceso. Mueve a la persona que lo recorre. Mueve a darse sin esperar recompensa personal.

El amor real caracteriza el desenvolvimiento de la conciencia. Y la realización de la mística. Sin él, podríamos decir, no hay desenvolvimiento espiritual ni recorrido en la mística.

El amor real nos mueve a ser sensible a las necesidades reales de todos y a aprender a concretar respuestas que ayuden a mejorarlas.

Nos mueve a darnos sin reservas, sin pedir algo a cambio para colaborar en generar y ser el bien evidente que todos necesitamos.

El amor real nos hace olvidarnos de nosotros y atender a lo que se necesita y necesita el desenvolvimiento de la conciencia.

El proceso de la mística nos es desconocido. Va más allá de lo que abarca nuestra conciencia habitual.

Cuando hablamos de ello no lo estamos definiendo. Hablamos de lo que nos puede ayudar a abrirnos a ese proceso, recorrerlo, investigarlo y realizarlo.

El proceso místico de unión implica el desenvolvimiento de nuestro estado de conciencia más allá de mi mundo personal abriéndolo a una realidad más amplia e incorporando progresivamente esa realidad en uno.

No es posible desenvolver nuestro estado de conciencia sin desidentificarnos de la identificación con nuestro mundo personal. No es posible desenvolvernos sin renunciar a esa identificación con nosotros mismos.

Cuando hablamos en este escrito de desenvolvimiento de nuestro estado de conciencia o desenvolvimiento espiritual, hablamos de que la renuncia a nosotros mismos, a nuestra identificación con nuestro mundo personal es lo que nos permite ese desenvolvimiento. Sin esa dimensión, en vez de trascender ese mundo nos encerramos más en él.

¿Por qué es importante realizar el proceso místico?

El desenvolvimiento de la mística nos ayuda a levantar la mirada de nuestro mundo personal abriéndola a una dimensión de nuestra vida y de la vida más amplia que la que tenemos habitualmente.

Desde esa dimensión más amplia, no personalista[1], podemos darnos cuenta mejor de lo que se necesita y de lo que cada uno necesita hacia una vida más libre, plena y real de la que habitualmente vivimos.

Desde esa dimensión podemos ayudar mejor, comprendernos mejor, conocer nuestro lugar en el mundo y realizar nuestras mejores posibilidades.

Desde esa dimensión podemos colaborar a desenvolver el desenvolvimiento de la conciencia del ser humano contribuyendo así a generar paz y adelanto en la sociedad.

El desenvolvimiento de la mística no es un proceso reservado a personas elegidas o especiales o quizá, regañadas con el mundo.

Es un proceso para ser descubierto y realizado por todos nosotros. Por todo aquel que quiera recorrerlo y quiera concretar un mundo mejor para todos.

El proceso del desenvolvimiento espiritual recorre el sendero de la mística de unión.

Ese horizonte lo recorreremos en nuestra vida, realizándolo en ella. No tenemos otro lugar. Es en nuestra vida cotidiana donde vivimos nuestra vida.

¿Cómo vivimos lo que vivimos?

¿Qué vivimos en ella?

¿A quién tenemos en cuenta?

¿Para quién vivimos?

Cada día de nuestra vida expresa lo que estamos siendo. Instante tras instante.

---

[1] **Personalista:** Tendencia a subordinar el bien común a intereses meramente personales

Nuestra vida cotidiana es el laboratorio donde concretamos nuestros límites y nuestros anhelos. También nuestras posibilidades.

En cada instante de nuestra vida cotidiana tejemos nuestra vida y lo que ella es.

Es en nuestra vida cotidiana donde damos el alcance real a nuestro desenvolvimiento espiritual.

Y donde concretamos la mística en nuestras vidas.

La mística de la vida cotidiana expresa los pasos que damos en nuestro día a día para desenvolver nuestra vida en un proceso de desenvolvimiento espiritual permanente haciendo de la mística una realidad para todos.

La mística no nos separa del mundo en que vivimos. Al contrario, nos enseña a abrazar nuestra realidad cotidiana y unirnos a ella. A todo lo que forma parte de ella.

Realizar la mística en la vida cotidiana nos enseña a unirnos a lo que nos rodea. Unirnos a quien tenemos al lado y a lo que tenemos al lado, independientemente de otras consideraciones.

Desenvolver la mística de unión en nuestra vida cotidiana nos abre a una realidad desconocida. Nos hace transitar por un terreno nuevo, más allá de nuestros límites personales.

Realizar la mística de unión en nuestra vida cotidiana une nuestra vida a la vida de este instante.

Unir nuestra vida a la vida es unirla a cada manifestación de Ella.

Estos escritos no buscan desentrañar el misterio de la vida enunciando una nueva verdad, ni sus capítulos son un recetario para vivir la mística o solucionar los problemas del mundo.

Cada capítulo nos presenta aspectos que forman parte de nuestra vida diaria y nos propone investigarlos, relacionándonos con ellos de una manera que nos ayude a descubrirnos a nosotros mismos y generar una mayor unión con lo que me rodea.

No son recetas mágicas. Son sugerencias de pasos cotidianos que nos ayuden a concretar el desenvolvimiento espiritual en nuestras vidas y realizar cada día la mística de unión

Algunas de estas propuestas forman parte de Cafh, un método de vida que promueve el desenvolvimiento espiritual.

El desenvolvimiento de nuestro estado de conciencia nos une de manera real y evidente a quien nos rodea y a lo que nos rodea haciendo realidad el proceso místico de unión con lo divino en nuestras vidas. En nuestra vida cotidiana.

Realizar la mística del corazón no es un punto de llegada. No es la expresión de un deseo. No se realiza engordando mi yo personal ni agrandándolo. No es un crecimiento personal. Es un proceso permanente de desenvolvimiento y realización.

Realizar la mística de unión en nuestra vida cotidiana es concretar el desenvolvimiento de nuestro estado de conciencia en nuestra vida cotidiana desidentificándome de mi yo personal.

De esa manera el desenvolvimiento espiritual es una realidad en nuestra vida.

La mística del corazón será entonces la expresión de nuestra vida y el testimonio de que es posible vivirla.

Aprender a realizarla es nuestro desafío y nuestra misión.

La mística de unión en nuestras vidas

La mística es el proceso de unión del alma con lo divino.

La mística es un campo de unión. Simboliza la unión. La expresa. La representa.

La realización de la mística es la realización de la unión. Realizando la mística nos unimos a la Divina Madre. Vivimos unidos a Ella. Somos unión.

Uniéndonos sin límites, realizamos la mística de unión.

La realización de la mística nos une a lo divino.

¿Qué es lo divino?

Más allá de las definiciones que podamos dar, no sabemos en realidad qué es lo divino.

Si sabemos que formamos parte de una realidad más amplia que lo que conocemos e imaginamos. Esa realidad trasciende nuestro mundo personal y nos abre al misterio de lo desconocido.

Cuando nombramos lo divino en estos escritos, nombramos ese campo de realidad que trasciende nuestro mundo personal, abre nuestra mirada y nuestra manera de vivir no encerrándola en nosotros mismos. De esa manera, desenvuelve nuestras mejores posibilidades.

Lo divino no es una realidad diferente de la Vida.

No sabemos bien lo que es la Vida ni cómo la vivimos.

Solemos confundir lo que la Vida es con la manera en la que la vivimos o con lo que nos decimos que es.

Cuanto más estrecha es nuestra visión de cómo la vivimos, más estrecha es nuestra visión de lo que la vida es, peor la vemos y más nos confundimos.

Cuanto más fuerte es la identificación con nuestro mundo personal más estrecha es nuestra visión de la realidad y más estrecha e ignorante es nuestra forma de vivir la vida.

El campo de lo desconocido está en nuestra vida. Nuestra vida es lo que nuestra vida cotidiana es.

¿Cómo vivir la mística en mi vida?

Realizándola en mi vida cotidiana. Todo lo que forma parte de nuestra cotidianidad es el escenario real de nuestra vida.

Más allá de lo que podamos pensar o imaginar, lo que vivimos en nuestra vida cotidiana es nuestra vida real. En ella manifestamos el alcance real que damos a nuestra vida.

Lo que concretamos y realizamos en nuestra vida diaria a nivel mental, emocional, con nuestras acciones, con nuestras decisiones, define la realidad de lo que vivimos. Define dónde estoy realmente y lo que nuestra vida es.

Hacemos realidad la mística en nuestras vidas, viviéndola en nuestra vida cotidiana a través de todo lo que forma parte de ella. Instante tras instante.

No tenemos otro lugar ni otro tiempo.

Aunque las circunstancias puedan ser difíciles o duras y sean como son, puedo realizar la mística si doy los pasos que me hacen recorrerla.

Realizarla no depende de una determinada circunstancia, sino de cómo viva eso que estoy viviendo y de en qué lugar me coloco en ese proceso al vivirlo. Cómo vivo lo que vivo depende de mí.

Estar dispuesto a hacer realidad la mística en mi vida me abre a recorrerla.

La realización de la mística nos une a lo divino.

Unirnos a lo divino desconocido implica unirnos cada día a lo que es. Y no a lo que creo que es.

No es posible unirnos sin desenvolver nuestra conciencia más allá de nuestras identificaciones con nuestro mundo personal.

No es posible descubrir a los otros sin abrirme a los otros.

No es posible descubrir lo que me rodea sin abrirme a lo que me rodea.

Abrirme es ir abriendo mi visión más allá de mis condicionamientos.

Realizar la mística es realizar la unión.

Es unirme a la realidad de la que formo parte.

Realizar la mística es unirme, uniéndome.

Al unirnos, incluimos en nosotros lo que antes nos era ajeno. La realidad del otro que antes ignoraba ahora forma parte de mí. La realidad que antes me era ajena ahora es mi realidad. Sin separaciones. Sin consideraciones.

¿Cómo realizar la mística de unión en nuestra vida?

Realizándola cada día de nuestra vida cotidiana.

Desenvolviendo cada día una vida de unión con quien me rodea, con lo que me rodea. Con lo divino.

¿Cómo realizar cada día la mística de unión, una unión real y evidente cada día?

Esta dimensión de unión no es una unión personal con lo divino. Es una unión no personal en lo divino.

Unión no personal quiere decir que no es la unión de la propia personalidad a lo que uno imagina como divino. No es una unión intelectual.

Lo divino tampoco es lo que creemos que es.

El desenvolvimiento de la unión con lo divino nos une a lo que lo divino es.

Nos une a lo que conocemos y a lo que ignoramos. A lo que vemos y a lo que ni vemos ni imaginamos.

Esa dimensión es más amplia que la de mi mundo personal.

Hacemos realidad esa dimensión de unión en nuestras vidas, uniéndonos cada vez más, cada vez mejor a toda la realidad de la que formamos parte. Ese proceso de unión empieza uniéndonos a quien tenemos al lado y a lo que tenemos al lado.

Desenvolvemos nuestra mística de unión desenvolviendo nuestra conciencia uniéndonos de manera real y evidente a más y más realidad de la que formamos parte.

Nuestra mística de unión hace real la unión. La hacemos real cuando la expresamos en cada instante, en cada escenario de nuestra vida.

Nuestra mística de unión nos hace desenvolver la unión sin límites. Sin reservas. Sin esperas.

Desde esa unión real y evidente con todos, con todo, colaboramos en desenvolver nuestro estado de conciencia y el del ser humano.

Desde esa dimensión sabremos encontrar nuevos horizontes que amplíen para todos, los límites que ya tenemos.

En cada uno de los aspectos que vivimos cotidianamente, podemos abrir camino desenvolviendo la mística de unión en ellos.

Concretamos la mística de unión en nuestras vidas, uniéndonos en nuestras vidas cotidianas. Cada vez más, cada vez mejor.

Dificultades cotidianas

Las dificultades forman parte de nuestra vida.

En sentido amplio, llamamos dificultad a cualquier situación que nos cuesta encarar o resolver.

Hay muchos tipos de dificultades y muchos grados de dificultad. Cada una tiene sus causas.

Todas nuestras dificultades tienen una característica común. Todas evidencian los límites que tenemos en un momento dado.

Cada vez que tenemos una dificultad, nos encontramos con un límite que tenemos en ese momento del que quizá ni siquiera éramos conscientes y genera la dificultad. Puede ser un límite de conocimiento, funcionamiento, físico, de conciencia.

Si no tuviéramos ese límite que origina la dificultad tampoco tendríamos esa dificultad.

Reconocer una dificultad nos abre un campo de posibilidades que nos quitamos cuando la negamos.

Reconocer la dificultad concreta que tenemos, identificarla, nos abre la puerta de aprender a superarla.

Superar una dificultad es dejar de tenerla.

Superar una dificultad es aprender a solucionarla.

La supero cuando la resuelvo definitivamente o cuando aprendo a vivir con ella de una manera que no me impida vivir con libertad.

Nuestras dificultades evidencian nuestros límites y también el campo abierto de nuestras posibilidades. Desconocidas hasta que superamos nuestras dificultades.

El campo de posibilidades que conocemos define también los límites donde empieza lo que no conocemos.

Cada vez que nos encontramos con una dificultad, nos estamos encontrando con los límites de lo que conocemos. Nos encontramos con lo que no sabemos. Si supiéramos, no tendríamos esa dificultad.

Con la respuesta que damos a cada dificultad que tenemos, reforzamos ese límite o abrimos camino para superarlo.

Superar una dificultad es ir más allá de ella. Dejarla atrás.

Cuando superamos la dificultad, dejamos de tener esa dificultad. Y dejamos de vivir con ese límite.

Cada una de nuestras dificultades, reconocidas o no, condiciona nuestros movimientos.

Cada vez que resolvemos una dificultad, aligeramos nuestros movimientos y de esa manera, nuestra manera de vivir.

Cada vez que superamos una dificultad, avanzamos en una mayor libertad.

Expandimos nuestra vida incorporando en ella lo que no sabemos.

Incorporar nuestras dificultades cotidianas a nuestra tarea vital nos ayuda a incorporar lo desconocido a nuestra vida.

Y, de esa manera, abrirnos al misterio de lo que no sabemos. Y aprender de ello.

¿Qué nos ayuda a incorporar nuestras dificultades a nuestro aprendizaje cotidiano?

*Lo primero es reconocerlas y aceptarlas. Una por una cuando aparecen.

Tener una dificultad no es un castigo ni algo negativo en nuestra vida. A través de ella, tenemos la oportunidad de aprender la enseñanza que nos puede mostrar.

Si mi coche se para porque no tiene gasolina, no es un castigo de la vida. Es la evidencia de algo que pude hacer mejor.

La puedo reconocer como dificultad, pero si la niego como propia o la rechazo me quito la posibilidad de trabajarla para superarla.

Aceptarla es aceptar también la incomodidad que genera.

*Además de reconocerla y aceptarla, necesito **trabajar con lo que ella me está mostrando y necesito aprender,** para dejar de tenerla.

De esa manera aprendo a relacionarme de manera consciente y positiva con ella.

Si mi relación es ignorarla, agrando mi dificultad.

¿Cuáles son mis dificultades cotidianas?

Más allá de las dificultades concretas y puntuales que cada uno pueda tener, muchos de nosotros compartimos la dificultad de quejarnos por tener dificultades.

Quejarnos por tener una dificultad, la empeora. Quizá nuestra queja surja de considerar que viviríamos mejor sin dificultades.

No es posible vivir sin dificultades. Ellas aparecen cuando avanzamos en nuestra vida. Aun si no avanzáramos, seguiríamos teniendo la dificultad de estancarnos.

Estancarnos en un mundo que está en proceso continuo de cambio es como creer que puedo meterme la vida en mi bolsillo. Por más grande que este sea, nunca cabe lo que la vida es.

Pretender estancarse y pararse en un mundo que sigue, nos encierra en la ignorancia de construir un mundo paralelo que solo está en mi fantasía.

Estancarme en mis ignorancias o en mis límites no elimina mis dificultades. Las agranda.

Cada una de nuestras dificultades tiene una enseñanza de profundización y desenvolvimiento en la vida.

Necesitamos aprender la enseñanza de la dificultad para seguir desenvolviendo nuestra conciencia.

Aprenderla forma parte de nuestro legado a la humanidad.

Nuestros límites

Todos tenemos límites. Muchos de ellos aparecen en nuestra vida cotidiana.

¿Podemos vivir sin límites?

Los límites forman parte de nuestra vida. Nunca desaparecen.

Cuando superamos unos y salimos de ese escenario, aparecen otros límites en el nuevo escenario.

Cada escenario, cada contexto tiene su límite. Conocer los de cada contexto en el que estamos implica conocer dónde estamos y lo que en ese momento es.

No conocemos una realidad a fondo si no conocemos los límites de esa realidad que vivimos.

Los límites más poderosos con los que vivimos son los límites de nuestro estado de conciencia. Son los más poderosos porque somos inconscientes de ellos. Nuestros mayores límites son los que no reconocemos.

Nuestro estado de conciencia es el filtro que condiciona nuestra visión de la realidad que vivimos y la manera en la que vivimos lo que vivimos.

No vivimos la realidad con todo su potencial. No vivimos la realidad como es. La vivimos como nuestro estado de conciencia nos permite hacerlo.

Cuanto más amplio es nuestro estado de conciencia, mayor realidad incluye.

Cuanto más estrecho es, más ignora la realidad. Cuanto más ignoramos la realidad, más estrechamos nuestra conciencia.

Encerrarnos en nuestro mundo personal valorando solo lo que en él ponemos ahoga nuestra conciencia y nuestra vida.

Expandir nuestro estado de conciencia nos permite incluir cada vez mayor realidad en ella. Al hacerlo nuestro mundo cambia y la visión de nuestras posibilidades y de nuestra realidad también.

La expansión de nuestro estado de conciencia no hace desaparecer nuestros límites. Nos ayuda a reconocerlos y trabajarlos mejor. De esa manera, tenemos mayor garantía de superarlos.

Cada expansión de nuestro estado de conciencia nos enseña a descubrir nuevas posibilidades que antes no veíamos.

Cada nueva posibilidad que descubrimos se acompaña de nuevos límites que desconocíamos.

Cada vez que superamos un límite, expandimos nuestro estado de conciencia.

Cada límite que nos encontramos tiene una enseñanza que necesitamos aprender para superar ese límite. Aprenderla y actuar en consecuencia, expande nuestro estado de conciencia.

Cuando superamos un límite, contribuimos a que el ser humano lo supere y lo deje atrás.

Cada límite que nos encontramos es una pregunta que nos hace la vida:

¿Qué quieres hacer con él?

¿Tratas de aprender de él y superarlo o te resignas a hacer del límite tu forma de vivir?

Cada uno de nuestros límites se supera con lo que lo supera. Verlos mejor nos ayuda a responderlos mejor.

No podemos ignorar nuestros límites. Si podemos elegir la respuesta que le damos. Esas respuestas definen nuestra vida.

Descubrir los límites que nos limitan en cada etapa de nuestra vida y superarlos expanden las posibilidades y la conciencia del ser humano.

El paso cotidiano del tiempo

Cada instante de nuestra vida cotidiana va seguido de otro instante. Y este de otro y luego otro. Y otro...

Lo que llamamos vida es un proceso de instante tras instante. Sin fin.

Lo que llamamos instante también lo llamamos presente.

Nuestra vida es una sucesión de instantes presentes. Lo que vivimos en cada uno de ellos y cómo lo vivimos va delineando nuestra vida. Cada trazo que damos en cada instante presente, lo sepamos o no, va dibujando la obra de nuestra vida.

Ese dibujo puede ser algo oscuro y confuso o puede contribuir a una mayor libertad y claridad para todos.

Dirigimos nuestra vida a donde la vamos llevando a cada instante. A través de nuestras respuestas, elegimos el rumbo que la damos.

Quizá no nos guste el lugar donde llegamos, pero si ahí estamos es porque ahí fuimos.

Lo que vivimos en cada instante de nuestra vida cotidiana abre el lugar al que dirigimos nuestra vida.

Nuestra vida cotidiana son estos instantes cotidianos.

¿Qué hacemos?, ¿qué pensamos? Qué vivimos en cada instante construye nuestra vida.

Lo que vamos siendo construye lo que somos.

Cada instante de nuestra vida cotidiana tiene ese poder. En él no solo concretamos dónde anhelamos ir, sino que vamos.

En él abrimos posibilidades o las cerramos.

En él abrimos el mundo para nosotros y para todos o lo limitamos.

En él aclaramos o confundimos más.

Cada instante de nuestra vida es poderoso. Tiene el poder vital de la vida en este instante. Y tiene la profundidad de la vida concentrada en él.

En este instante está todo lo que necesitamos para vivir un mundo más amplio para todos. Podemos vivir encerrados en nuestro yo o elegir desenvolver nuestra conciencia.

En este instante, así como es, está todo lo que necesitamos para expandir nuestra conciencia y contribuir a generar un mundo de bien para todos.

Está el paso que necesitamos dar para concretar un horizonte de expansión.

Está la acción que abre posibilidades en vez de negarlas.

Está el pensamiento que incluye y bucea en lo desconocido para orientar los pasos.

Está el sentimiento que hace propio lo ajeno y lo baña de luz.

Está lo conocido y lo desconocido desafiando nuestros límites.

En este instante también está nuestra elección. A través de ellas desenvolvemos nuestra conciencia o la encerramos en los límites del yo.

Solo tenemos este instante, cada instante, para concretar lo que anhelamos realizar.

Así es nuestra vida cotidiana. Instante tras instante.

Si anhelamos desenvolvernos y contribuir a un bien para todos, concretemos esa respuesta en cada instante de nuestra vida cotidiana. Con cada pensamiento, cada sentimiento, cada acción, cada elección concretada en este instante. Cada instante de cada instante.

Nuestra vida cotidiana será así el perfume y la realidad que anhelamos para el mundo.

El devenir

El devenir caracteriza nuestra vida cotidiana. Forma parte de ella.

El devenir nombra el paso permanente del tiempo y el proceso de cambio continuo que implica.

El devenir es cambio permanente. Nada está fuera de él. Todo pasa. Nada es para siempre.

No importa lo que vivamos ni quién sea uno. Todo pasará.

El devenir se expresa también en nuestra vida cotidiana. Y teje el tejido que la forma.

¿Hay algo que nunca cambie o que nunca desaparezca?

No sabemos la respuesta a esta pregunta. Sí sabemos que en lo que sabemos y conocemos está presente el devenir.

¿Qué sentido tiene el devenir en nuestras vidas?

El que nosotros le demos. Si nos resistimos a él pretendiendo ignorarlo o disfrazarlo, el resultado será una vida de confusión, ignorancia y dolor. Es como ignorar el amanecer del sol o la oscuridad cuando se pone. Aunque nos tapáramos los ojos seguirían existiendo.

Aceptar el devenir en nuestras vidas no es resignarse a él. Es aprender de él la enseñanza que nos enseña a ser libres.

¿Qué podemos aprender en nuestra vida cotidiana de este proceso?

Podemos aprender a salir de nuestra tendencia a identificarnos con lo que vamos viviendo o los resultados generados por lo que vamos viviendo.

Al identificarnos con algo pretendemos hacer que ese algo se mantenga más allá de su vigencia, su duración o su utilidad.

Como no lo conseguimos, nos esforzamos en mantenerlo ignorando su caducidad.

Nuestras identificaciones nos hacen creer que forma parte de nuestra identidad lo que es algo transitorio.

La identificación con determinados pensamientos, sentimientos, acciones que realizamos nos hace creer que somos lo que esos pensamientos, sentimientos o acciones muestran.

Desde esa identificación cuestionarlos sería como si me cuestionaran a mí mismo, como si se cuestionara mi identidad. Defenderlos es creer que defiendo mi propia identidad, lo que contribuye habitualmente a generar mayor dolor y confusión.

Somos con frecuencia inconscientes de muchas de nuestras identificaciones.

Al identificarnos perdemos la referencia de nuestra identidad, de lo transitorio y del devenir.

Esa confusión nos hace creer que es real lo que es polvo pasajero. Y defender y pretender mantener algo sin vida como si fuera vital.

Nuestras identificaciones nos confunden y esclavizan. Y confunden y esclavizan.

La poderosa identificación con nuestra personalidad habitual nos hace creer que somos lo que esa personalidad nos dice que somos y nos dice que es.

¿Cómo salir de ahí?

La respuesta a una pregunta así se descubre entrenando mi vida en desidentificarme de mis ideas hechas sobre mí mismo y los demás para descubrir quién soy realmente.

No es fácil ni aparece de un día para otro ni por magia repentina.

Es posible descubrir quién soy aprendiendo a des identificarme de lo que creo que soy desde mi mundo personal.

Descubrir quién es uno y serlo es la gran aventura del proceso del desenvolvimiento espiritual, del desenvolvimiento de mi estado de conciencia.

Aceptar el devenir e incorporarlo a nuestra vida como maestro que nos enseña, nos ayuda a aprender a tomar y dejar. A dar pasos y saber dejarlos para poder seguir dando los siguientes.

Para poder caminar necesitamos dar un paso tras otro en la dirección que recorre el horizonte de bien que anhelamos.

No podemos dar el paso siguiente sin dejar el que ya dimos.

Aprender a desidentificarnos de nuestras identificaciones implica aprender a renunciar a uno mismo. Es decir, renunciar al apego que uno tiene con lo que cree que es.

Este es un movimiento consciente que nos ayuda a realizar sin detenernos en lo que realizamos. A caminar sin quedarnos en los pasos que damos.

Ese proceso de desidentificación y apertura al paso siguiente nos enseña a incorporar el devenir en nuestras vidas.

El devenir nos enseña a desidentificarnos con lo que creemos que somos y lo que creemos que es.

Ese movimiento nos enseña a desenvolver permanentemente nuestro estado de conciencia.

Incorporar la enseñanza del devenir en nuestra vida cotidiana nos ayuda a abrir nuestra mirada y descubrir en lo que vivimos una enseñanza permanente.

Desde ahí podemos hacer de la mística de unión una realidad diaria en nuestras vidas.

Nuestras elecciones cotidianas

Nuestra vida diaria está llena de elecciones que hacemos en ella. La mayoría de ellas no somos conscientes que las hacemos. Pero las hacemos.

Cada día no solo elegimos cómo encararlo (si lo hacemos) o qué tareas realizaremos. También elegimos qué atención voy a poner a lo que ocurre y en quién pensaré o qué voy a pensar o dejar que entre en mi pensamiento y de esa forma en mi conciencia.

Elijo también cómo me voy a sentir en algunas situaciones, qué sentimientos dejaré que crezcan o cuáles rechazaré.

O qué acciones voy a realizar y a quién incluiré en ellas.

No solo elegimos cuando soy consciente de la elección. También lo hacemos cuando me dejo llevar por la fuerza de la costumbre, del medio o de la presión de otros.

Dejarme arrastrar por la bruma de la pasividad también es elección que disfrazamos en nuestra mente como si fuera necesario o como si fuera otro quien la tomara.

Estas acciones nos pueden hacer creer que otro es el responsable de lo que hago y vivo. Como no creo ser quien elige lo que me encuentro, no me hago responsable de lo que genero con mis decisiones aparentemente no decididas.

Si la elección de uno es autocolocarse de marioneta de algo que no controla o no conoce, así va a vivir.

Si uno se desentiende de ser dueño de su vida necesita que otros le digan dónde ir.

Lo más probable en esta manera de funcionar es que nunca se llegue a donde alguna vez uno quiso ir y que no se reconozca el lugar donde se está en cada momento.

A través de nuestras elecciones cotidianas orientamos nuestra vida en una dirección u otra.

Cada día además de elegir qué comer o qué ropa ponerme, elegimos los pasos que damos, o no, en el horizonte que anhelamos recorrer.

Nuestras elecciones cotidianas nos abren el camino que recorremos con nuestra vida.

Las dificultades que nos encontramos en nuestra vida ponen a prueba la fortaleza de nuestras elecciones y la conciencia con la que las realizamos.

Aunque las dificultades sean fuertes también puede ser fuerte nuestra determinación de elegir encararlas de una manera que nos permita recorrer el sendero que queremos recorrer.

Nuestras equivocaciones son puntos de aprendizaje no condicionamientos que nos apartan de la respuesta que quisiéramos dar. Eso es así, si elegimos que sea así.

Nuestra capacidad de elegir cómo vivir y qué vivir es una herramienta de libertad y de profundidad.

A través de nuestras elecciones cotidianas podemos desenvolver nuestra conciencia o seguir encerrándola en nuestro mundo personal.

El sendero del desenvolvimiento de nuestra conciencia lo recorremos con elecciones cotidianas que lo recorren. Sin esas elecciones, estaremos recorriendo otros caminos.

Las elecciones que sostienen y caracterizan nuestra vida no son solo las que tomamos en momentos especiales o puntuales. También son las que tomamos en lo cotidiano y construyen, recorren y concretan las que en momentos determinados hemos tomado.

Sin estas elecciones cotidianas coherentes con nuestra elección fundamental, las elecciones puntuales que podamos tomar pierden su fuerza y en vez de ser guías para nuestra vida, se convierten en recuerdos de lo que pudo ser.

Elegir algo valioso en nuestras vidas no depende solo de tomar una decisión. Es elegir en lo cotidiano lo que implica permanentemente esa elección.

Sin nuestras elecciones cotidianas en esa dirección, no vamos a donde decíamos que queríamos ir.

La manera de ir a donde anhelamos es elegir cotidianamente los pasos que me llevan ahí.

A quién incluimos, a quién ignoramos, a qué damos valor real, a qué se lo quitamos, cómo respondemos a lo que ocurre, qué respuestas damos a los que tenemos al lado, a qué dedicamos nuestro tiempo, son algunas de las elecciones que tomamos cada día de manera consciente. O no.

La mística la descubrimos, la concretamos y la vivimos a través de nuestras elecciones cotidianas que la descubren, la concretan y la hacen realidad en nuestras vidas.

La tarea de cada día

En cada día de nuestra vida cotidiana tenemos tareas.

Cada una de esas tareas, sean las que sean, desafían nuestra conciencia, ponen a prueba nuestras determinaciones y con frecuencia nos empujan a refugiarnos en la comodidad de nuestro mundo habitual.

Tener tareas no es tener solo unas determinadas obligaciones. Las tareas, en este caso, tienen que ver con el empleo que hago del tiempo en mi día a día.

En este contexto, tener obligaciones es tener ocupado parte de mi tiempo por los compromisos que he adquirido laborales o personales. Eso también son tareas.

Todos los días tenemos tareas.

¿Cómo nos relacionamos con ellas? ¿Cómo las desempeñamos?

Cómo vivimos nuestras tareas cada día nos ayuda o nos complica realizar lo que anhelamos en nuestra vida.

Cómo realizamos cada tarea cada día nos ayuda a aclararnos o a confundirnos.

Aclararnos no es siempre ver todo claro o que la situación vaya a ser siempre clara, sin confusiones.

Aclararnos también tiene que ver con tratar de ver claro o ver mejor lo que no veo, lo que está oscuro e incluso lo que me parece que está claro.

La intención de aclararnos y la actitud consecuente con esa intención nos ayuda a avanzar en un proceso que nos enseña poco a poco a ver mejor lo que ahora no veo o veo mal.

La manera en que realizamos nuestras tareas cotidianas facilita nuestra claridad o aumenta nuestra confusión.

¿Qué nos ayuda a ver mejor?

Cada tarea de nuestra vida cotidiana es una oportunidad de darnos plenamente. No es lo mismo darnos a fondo y tratando de aprender que realizar algo de cualquier manera esperando tiempos mejores o tareas más fáciles.

Cuando nos damos a fondo en cada tarea cotidiana cada una de ellas se convierte en un hermoso desafío de encuentro con uno mismo. Y en una oportunidad de dar lo mejor de uno.

Darnos a fondo en cada tarea no convierte en válida cualquier cosa que uno pudiera realizar. Las que se sabe que generan dolor, confusión o violencia nunca deberían realizarse.

Darnos a fondo en nuestras tareas cotidianas nos abre la puerta a vivirlas con conciencia y a descubrir en nuestro día una enseñanza que nos pasaría desapercibida.

Darnos a fondo es la enseñanza.

La manera en que realizamos nuestras tareas cotidianas y la actitud con la que lo hacemos nos ayuda a desenvolver nuestra conciencia en lo cotidiano.

Darnos a fondo no es fácil. Necesita nuestra atención, dedicación, observación, entrega en cada instante que nos damos. Nuestra conciencia está ahí porque ahí la ponemos. Haciendo lo que hacemos. Dándonos. Con todo.

De esa manera, buscamos:

aprender de nuestras tareas más que repetir lo que ya sabemos,

atender plenamente a lo que hago sin proyectarnos a otro lugar,

abrirnos a lo desconocido dejando de dar vueltas a nosotros mismos.

Una tarea fundamental en nuestras vidas es aprender de lo que vivimos. De esa manera podremos comprender y descubrir lo que ahora ignoramos. Cuando aprendemos, desenvolvemos nuestra conciencia.

Descubrir la enseñanza cada día a través de las tareas que realizamos, las circunstancias que vivimos y las acciones que concretamos nos permite independizar nuestro aprendizaje de circunstancias que no tenemos o consideraciones que nos proyectan a lugares donde no estamos.

A través de nuestras tareas cotidianas podemos descubrir, concretar y recorrer el sendero de la mística de unión.

Nuestra vida cotidiana tiene ese potencial.

Nuestras tareas nos desafían a vivirla.

La enseñanza
de cada día

Cada uno de nuestros días tiene una enseñanza.

Llamamos enseñanza a lo que nos enseña lo que no sabíamos.

En el camino espiritual, enseñanza es todo lo que amplía de manera real los límites de nuestra conciencia personal o nos enseña a ampliarlos de manera continua y evidente en la propia vida.

La enseñanza nos aclara algo que no veíamos, nos abre posibilidades que desconocíamos, nos muestra lo que no sabíamos ver y ni siquiera imaginábamos. Abre nuestro mundo.

La enseñanza desplaza nuestros límites de conciencia, los fragiliza, los mueve, los amplía.

Cuando descubrimos una enseñanza nuestro mundo cambia. Deja de ser el que había. Ahora es otro.

La enseñanza nos ilumina. Pone luz a nuestra oscuridad. La realidad tiene otra dimensión.

La enseñanza transforma nuestra vida. Ahora hay una nueva realidad que antes no existía.

Descubrir la enseñanza es aprenderla. Para descubrirla no necesitamos circunstancias exteriores especiales o viajar a otros lugares. Para encontrarla necesitamos buscarla con todo el ser y poner atención a lo que encontramos.

La enseñanza no es una idea intelectual o un conocimiento más. Es algo vital que amplía nuestro mundo habitual.

La podemos descubrir de múltiples maneras. Siempre nos moviliza, nos conmueve, nos deja en silencio.

Nos abre, nos orienta, ilumina el paso que dar, la realidad que no veíamos.

Muestra. Enseña. Alimenta. Abre. Transforma.

En cada día de nuestra vida cotidiana hay al menos una enseñanza que podemos descubrir.

No va acompañada necesariamente de emociones especiales. Pasa desapercibida. Si no estamos abiertos y atentos no la vemos.

Para descubrir la enseñanza necesitamos buscarla. Tener hambre de ella. Necesitarla vitalmente.

Esta actitud facilita encontrarla.

No es estar a la espera de lo que otro me diga o de lo que crea que la vida me dice. No es necesariamente lo que alguien o algo me diga.

Es qué aprendo de lo que vivo. Qué aprendo de donde estoy, de lo que hago, de quien me rodea, de lo que ocurre, de la vida.

No es conveniente dejar pasar los años esperando que con el paso del tiempo y las experiencias que trae vaya a aprender lo que ahora no me animo a descubrir.

No es lo más conveniente esperar que el tiempo me enseñe lo que ahora, si me animo, puedo aprender.

Lo que el tiempo trae son años. El resto no es garantía de que aparezca.

La búsqueda de la enseñanza se expresa en el alma de diversas formas. Puede ser búsqueda de sentido de vida, de profundidad, de autenticidad, de ser uno mismo, de servicio, de libertad.

No depende de la palabra con la que inicialmente se nombre sino de la profundidad interior de donde surge. Y de la profundidad y alcance de uno mismo que moviliza.

La búsqueda de la enseñanza cada día revitaliza la vida de cada día.

Además de buscarla, estar abiertos y atentos a ella nos ayuda a descubrirla.

Abierto implica receptivo a su mensaje para que pueda entrar, aunque no sea el que estoy acostumbrado o el que ya percibo.

Atento implica estar completamente presente en ese momento, escuchándolo. Dejando de estar en otro lugar.

La enseñanza nos enseña.

Cada día de nuestra vida cotidiana tiene la enseñanza que nos alimenta.

Podemos aprender de lo que vivimos, aprendiendo lo que nuestra vida nos muestra.

No es fácil. Con frecuencia necesitamos ayuda para hacerlo.

Buscar la enseñanza es estar abierto a lo que no sabemos. Abierto a lo que no vemos. Es buscar a la Divina Madre en lo cotidiano.

Y encontrarla.

La enseñanza nos enseña a vivir la mística de unión en nuestra vida cotidiana. Y a hacer de ella nuestra realidad.

Nuestra comunicación cotidiana

Desde un punto de vista simple, comunicarnos es la capacidad de transmitirnos un mensaje.

En nuestra vida diaria, todos nos estamos comunicando continuamente. No siempre somos conscientes de esta comunicación, aunque siempre mostramos y recibimos mensajes.

Nos comunicamos no solo cuando le decimos algo a alguien, también cuando le transmitimos algo, aunque no sea verbal.

Habitualmente comunicamos mucho más de lo que conscientemente estamos transmitiendo.

La comunicación forma parte de la vida. Y la caracteriza. Sin la interacción que expresa la comunicación es muy probable que no hubiera vida.

La vida es interacción. Estamos permanentemente interactuando unos con otros. Y con todo lo demás.

Esta interacción continua nos mantiene vivos. Nos conecta unos con otros y especialmente nos permite construir unos con otros la trama de la vida que vamos viviendo.

Esta interacción continua también nos enseña a conocernos mejor y a descubrir también mejor nuestro lugar en el mundo.

A través de nuestra comunicación permanente entre nosotros y con el medio, todos nos estamos diseñando y construyendo lo que vivimos.

Con mucha frecuencia nuestra comunicación es inconsciente. No solemos darnos cuenta de lo que estamos comunicando. Es frecuente también que no transmitamos lo que quisiéramos comunicar.

Pocas veces tenemos en cuenta el poder de la comunicación en nuestras vidas para construir un mundo mejor.

Comunicarnos es una herramienta de desenvolvimiento si la sabemos orientar en esa dirección.

La comunicación nos ayuda, entre otras cosas a:

- Descubrir lo que no se y aprenderlo
- Ver mejor lo que ya creo ver.
- Mejorar nuestras respuestas, nuestros pensamientos y también nuestros sentimientos.
- Conocernos mejor y descubrir nuestro lugar en el mundo
- Construir un bien entre todos para todos.
- Reconocer el valor único de los demás y lo demás en este proceso.
- Incluir a los demás y a lo demás en la propia vida.

Por supuesto podemos utilizarla en otra dirección buscando manipular, enfrentar y prevalecer.

La comunicación por sí misma no garantiza un bien. Es una herramienta cuyo alcance depende de qué nos mueve al emplearla y el horizonte que abre depende de cómo la utilizamos. Por eso su uso depende de nuestro estado de conciencia.

Sin comunicación nos es difícil expandir nuestro estado de conciencia.

Sin purificación de nuestra intención al comunicarnos tampoco expandimos nuestra conciencia.

La expansión de nuestro estado de conciencia se expresa también en expandir nuestra comunicación cotidiana.

Expandir nuestra comunicación no es comunicarse con más personas de una manera superficial. Es hacer de la comunicación una herramienta de profundización e inclusión.

Profundizar en la comunicación implica entre otras cosas, aprovecharla para salir de nuestras defensas personales penetrando en la profundidad de nosotros mismos buscando ver mejor y aprender de ese proceso.

Aunque las condiciones pudieran ser desfavorables, qué aprendo depende de uno mismo.

La comunicación como herramienta de inclusión es hacer de ella una oportunidad que me enseñe a reconocer al otro y a lo otro, a incorporarlo en mí y unirme a ello.

Esta expansión de la comunicación no es un punto de llegada ni algo que aparezca de repente. No es magia. Es un proceso que se va desenvolviendo movido por nuestro anhelo de desenvolvernos.

Sin esta profundización de nuestra comunicación, la expansión de nuestro estado de conciencia es una fantasía.

Cómo nos comunicamos refleja nuestro estado de conciencia y también nos ayuda a desenvolvernos.

¿Qué nos ayuda en nuestra vida cotidiana a hacer de la comunicación una herramienta consciente de desenvolvimiento?

- Emplear la comunicación para aprender y descubrir lo que no sé.
- Buscar con ella solucionar nuestros atascos y conflictos.

- Emplearla con humildad para ver mejor, saliendo de nuestras defensas personales.
- Buscar en común la mejor respuesta a una necesidad común.
- Construir entre todos un bien para todos.
- Escuchar y comprender los mensajes de los demás y de lo demás.
- Priorizar el descubrimiento de lo que es en vez de intentar hacer que prevalezca la propia visión.
- Comunicarnos de manera consciente y reflexionada más allá de los condicionamientos emocionales y personales.
- Buscar con la comunicación aprender a ir más allá de nuestro mundo personal.
- Emplear la comunicación como instrumento de participación y unión con quien me rodea.
- Hacer de la comunicación instrumento de desenvolvimiento espiritual de uno mismo y de todos.

La comunicación es una herramienta vital que nos ayuda a unirnos. Si la utilizamos en esa dirección.

Unirnos no es uniformarnos siendo todos lo mismo.

Es ser cada uno sí mismo, en su propia individualidad unido al resto, siendo una unidad en la diversidad. Es ser uno y todo.

Podemos hacer de nuestra vida cotidiana una vida de unión.

La comunicación, empleada en esa dirección, nos facilita la tarea.

Incertidumbres cotidianas

Nuestra vida cotidiana no es un campo de certezas. La mayor parte de ella está tejida por la incertidumbre.

No podemos estar seguros de que ocurrirá lo que quisiéramos que ocurriera. Ni que las personas que creemos conocer van a estar siempre como quisiéramos que estuvieran.

No sabemos lo que va a pasar con precisión. Ni siquiera podemos garantizar que lo que creemos que pasó, realmente ocurrió.

Cuanto mejor miramos el escenario de nuestra vida, mejor sabemos que no podemos encerrarla en una idea o en un marco mental cerrado. Tampoco en nuestras expectativas.

Cuanto mejor miramos, mejor vemos la fragilidad de nuestra visión y de los poderosos condicionantes que influyen en ella.

Una gran parte de nuestra vida se mueve en terreno incierto.

Esta incertidumbre con la que convivimos diariamente cuestiona la solidez de los mundos que creamos e incomoda la búsqueda de certezas que nos mueve en nuestros contextos.

Buscamos garantías definitivas para nuestra vida, verdades incuestionables, horizontes a los que llegar sin que se desplacen. Y ahí quedarnos.

Buscamos zonas de confort asentadas en certezas inamovibles, en escenarios que no cambien.

Buscamos puntos de llegada a los que llegar, quizá también conquistar. Y no movernos.

Esa búsqueda forma parte de nuestros objetivos habituales. Llegar y quedarnos. Conquistar y retener para siempre. Y a partir de ahí, ya sabemos, ya tenemos. Ya somos.

Aunque tratamos de que la realidad responda a nuestras expectativas, ¿lo conseguimos?

En un mundo donde todo cambia y nada es para siempre, ¿es necesario movernos así?

En una realidad cotidiana donde no podemos tener certidumbres inamovibles ni seguridades definitivas, ¿qué podemos hacer?

Incorporar la incertidumbre de manera ecuánime en nuestra vida cotidiana y aprender de su sabiduría.

Incorporarla implica superar el hábito de querer conquistar verdades definitivas o construir seguridades inamovibles.

En vez de querer conquistar la llegada, dar pasos continuos que nos permiten recorrer el horizonte.

Cada paso que damos en nuestra vida es un paso que nos mueve hacia donde elegimos. No siempre somos conscientes de lo que estamos eligiendo. Pero siempre vamos a donde elegimos ir con nuestros pasos.

Un paso es un punto de apoyo. No es un punto de llegada.

Cada aspecto de nuestra vida es un punto de apoyo. Y es temporario. No es definitivo.

Un punto de apoyo es válido hasta que deja de serlo. Es válido mientras me ayuda a abrir camino por donde anhelo ir.

Para saber cuándo me ayuda y a partir de cuándo no, necesito un mínimo de independencia para saber reconocerlo como lo que es y saber en qué me está ayudando mientras lo está haciendo.

No es fácil tener esa independencia de nuestra visión. Por eso además de tener este aspecto en cuenta nos ayuda abrirnos a otras visiones y discernirlas.

Esa apertura y la independencia de visión nos ayudan a desarrollar la sabiduría que necesitamos para saber cuándo un apoyo deja de serlo.

Nuestros pensamientos, nuestras comprensiones, aun nuestros sentimientos y nuestras acciones son también puntos de apoyo. No son puntos finales. Aunque a veces queramos convertirlos así.

Un punto de apoyo es un punto transitorio que me abre posibilidades para aprender y moverme. Por eso me ayuda. No es definitivo porque si aprendí, me moví de donde estaba. Ahora estoy en otro lugar y puede que sea otro el punto que me ayude desde ahí a seguir hacia delante.

Cuando convierto el punto de apoyo en algo definitivo, dejo de aprender.

Cada detalle que forma nuestra vida cotidiana es un punto de apoyo que desafía nuestras conquistas y nuestra determinación de aprender.

Nuestra incertidumbre cotidiana también lo es.

La incertidumbre nos puede ayudar a flexibilizar la relación con nuestras certezas y de esa manera, facilitarnos dejar interior y exteriormente lo que ya no necesitábamos.

En medio de nuestra incertidumbre cotidiana podemos poner alguna certeza en nuestra vida.

Podemos hacer elecciones conscientes que respondan a una necesidad vital y nazcan de lo profundo de uno mismo.

Podemos elegir con certeza qué horizonte recorrer con nuestra vida y cómo vamos a responder a las circunstancias que nos vayamos encontrando.

Podemos elegir con certeza el sentido que quiero dar a mi vida y las respuestas que voy a dar para realizarlo.

Aprender a apoyarme y dejar el apoyo cuando no se necesita me enseña a aprender de manera continua y hacer de la vida un proceso de expansión permanente.

Abrazar nuestra incertidumbre cotidiana hace de la incertidumbre una maestra que nos enseña a expandir nuestra conciencia y a unirnos a la realidad de la que formamos parte.

Unirnos a la incertidumbre de la vida en nuestra vida cotidiana hace de ella una vida de unión.

Vida cotidiana

Nuestra vida cotidiana define cómo somos y cómo es realmente nuestra vida.

Aunque en nuestra vida podamos vivir momentos extraordinarios y en ambientes elegidos podamos mostrarnos de una manera especial, es en nuestra vida cotidiana donde evidenciamos lo que en realidad somos y cómo realmente vivimos.

Nuestra vida cotidiana es la de todos los días. La de cada día.

¿Cómo actuamos en ella? ¿Qué pensamientos tenemos? ¿Qué sentimientos sentimos? ¿A quién incluimos o rechazamos? ¿Cómo actuamos cuando nadie nos ve? ¿Qué palabras empleamos? ¿Qué caricias damos y a quién? ¿Cómo respondemos a la dificultad? ¿Y a los desafíos? ¿Qué buscamos? ¿Qué repetimos? ¿Qué concretamos? ¿Qué olvidamos?

Las respuestas reales a estas preguntas y a otras que nos podamos hacer, están en nuestra vida diaria. Ellas dibujan la realidad de nuestra vida, más allá de los discursos que podamos dar o de los gestos ocasionales que podamos hacer.

Si queremos conocernos mejor y conocer en qué punto estamos en nuestra vida, miremos cómo y para quién vivimos realmente cada día. Atrevámonos a ver esa información, descubrir qué nos muestra y aprendamos lo que ella nos enseña.

Esa información nos es imprescindible para mejorar.

No nos es fácil descubrir los hechos que vivimos y la información que nos muestra. Es frecuente disfrazarlos, negarlos, justificarlos y no verlos. No estamos acostumbrados a vernos con una mirada abierta y honesta, enamorada de aprender de lo que vemos.

La honestidad de nuestra intención nos ayuda a reconocer lo que es y actuar en consecuencia.

Solemos necesitar ayuda para descubrir la enseñanza que no sabemos reconocer. Una ayuda que nos ayude. No que nos confunda más.

Observemos nuestra vida cotidiana. Aprendamos su enseñanza y respondamos en consecuencia.

Descubrir esa enseñanza en ella nos muestra también el paso que necesitamos dar para recorrer el desenvolvimiento espiritual.

Concretar ese paso es concretar en este día, aquí y ahora, la acción, el pensamiento, el sentimiento que necesitamos concretar para abrir camino por donde anhelamos.

Concretar es hacerlo aquí y ahora. Si no lo hacemos así, lo posponemos.

Hay acciones que necesitan su espacio para poder ser realizadas completamente. Pero empiezan aquí, cuando las concretamos aquí. Si las concretamos así.

Las concretamos hoy. En este día. En cada día.

Cada día concretamos lo que vivimos y hacia dónde dirigimos nuestra vida. Cada día tejemos nuestra vida con la puntada que damos en él.

No solemos mirar nuestra vida de esta manera. No solemos reconocer nuestra responsabilidad sobre la manera en que vivimos y la actitud con la que encaramos nuestra vida.

Como no la miramos, no solemos tener conciencia de ella.

Vivir sin conciencia de dónde estoy es no saber por dónde voy y arriesgarnos a llegar a donde no quisiéramos.

Poner conciencia en nuestra vida cotidiana no es una carga. No es un peso. Es la alegría de ver por mí mismo lo que no sabía ver.

Y la alegría de ver mejor la realidad que vivo y el contexto en el que estoy.

Descubrir la enseñanza en lo que vivo me libera de las circunstancias que me lo impiden.

Cuando amplío mi mirada, mejor veo. Puedo ver mejor mis límites, puedo ver mejor mis recursos con los que superar esos límites.

Desenvolver nuestra conciencia nos enseña a ver quiénes somos. A ver mejor lo que es. Y a actuar en consecuencia.

El desenvolvimiento espiritual se expresa en nuestra vida cotidiana. Si en ella seguimos relacionándonos igual y respondiendo igual, no nos hemos movido de donde estábamos.

Si todo sigue igual también sigue igual el encierro en nuestro mundo personal.

Nuestra vida cotidiana, expresa dónde estamos, qué vivimos y para quién vivimos.

Muestra también el lugar donde concretar los pasos que desenvuelven nuestra conciencia y generan el bien que todos necesitamos.

El proceso místico de unión lo concretamos cada día. Así como cada día es.

Si no lo concretamos aquí, viviremos la fantasía de creer que vivimos lo que no estamos viviendo.

Cada día de nuestra vida define nuestra vida.

Nuestra vida cotidiana es nuestro campo de realización de nuestra mística de unión.

Cada día de nuestra vida es el trazo que damos para hacer de la mística de unión una realidad en nuestras vidas y la obra de arte que todos necesitamos.

La vida diaria como campo de investigación

Investigar, en este contexto, es explorar lo que ocurre y ver qué manifiesta. También incluye comprobar si una hipótesis es real porque forma parte de la realidad verificable o es una suposición.

Investigar presupone algunas características:

Diferenciar entre mis creencias, opiniones, suposiciones de lo que ocurre y los hechos de la realidad que pueden ser observados y verificados.

Un hecho de la realidad es un suceso ocurrido que puede ser observado y reconocido como tal de manera universal, independientemente de las creencias que se tengan.

Las hipótesis, opiniones, suposiciones son muy valiosas, pero no necesariamente son hechos reales. Para que podamos decir que lo son, se necesita comprobar si la realidad lo confirma o era solo una suposición.

Diferenciar lo posible de lo verdadero nos va a ayudar en nuestro trabajo interior y exterior y en el desenvolvimiento espiritual.

Observar con atención y apertura los resultados que ocurren o lo que está ocurriendo tal como ocurren para poder descubrir de manera cierta lo que está mostrando eso que ocurre.

Con atención y apertura presupone que lo hago sin prejuicios, intereses particulares o manipulaciones que favorezcan un resultado. O que lo hago separando mis filtros de la observación de lo que es, registrando lo que es, tal como es.

Aunque pueda tener prejuicios sobre el resultado, los dejo a un lado poniendo todos los medios para que no determinen mi observación de lo que ocurre. Haciendo prevalecer siempre lo que se comprueba que está ocurriendo.

Valorar profundamente el resultado de lo que ocurre

Si ignoro el resultado, refuerzo mi mundo personal y arrojo la llave que me abre a un mundo más amplio.

Esto incluye también incorporar la temporalidad del resultado.

Lo que hoy parece de una manera, si mañana se demuestra que es de otra, es esa nueva información la que necesitamos incorporar en nuestra vida.

Cuando investigamos, los resultados no son siempre claros o concluyentes. Mientras no lo sean, seguimos trabajando con hipótesis no con hechos reales verificados.

Honestidad en el proceso de observación e identificación de resultados.

En este caso implica realizar la observación sin redirigirla a algo preconcebido e identificar el resultado que aparece, como aparece sin tergiversaciones o manipulaciones.

Otro elemento que podemos incluir en nuestro trabajo es:

Actuar en consecuencia del resultado verificado de la investigación.

¿Podemos hacer de nuestra vida diaria un campo de investigación?

¿Necesitamos incorporar esta visión en un camino de desenvolvimiento espiritual?

¿Nos ayuda en nuestro trabajo interior? ¿Y en nuestro trabajo exterior?

El camino de desenvolvimiento de nuestro estado de conciencia es un proceso real que transforma nuestra vida en una vida de unión generadora de un bien para todos.

Si no fuera así, ¿qué sentido tendría recorrer ese proceso?

Esas afirmaciones de transformación de nuestra vida, de unión, inclusión, bien para todos y otras que podamos señalar, o se manifiestan en nuestra vida de manera cierta o no existen.

Esas cualidades o son comprobables y por tanto evidentes o están en proceso de serlo (en el mejor de los casos) pero todavía no lo son.

Estas cualidades son difíciles de poder comprobarlas con facilidad. Nuestras creencias tiñen nuestra observación de la realidad y dificultan ver lo que es. Nuestro estado de conciencia condiciona lo que vemos.

Seamos conscientes entonces de las limitaciones de nuestra visión y de la necesidad de abrirnos humildemente a lo que no sabemos dispuestos siempre a abandonar lo que creemos saber.

Lo que nuestra vida es lo manifestamos en nuestra vida cotidiana.

Más allá de los ropajes que utilizamos, las palabras que hablamos, la realidad de lo que estamos siendo la manifestamos en

¿Cómo vivimos?

¿A quién incluimos?

¿A quién rechazamos?

¿Cómo respondemos a los desafíos?

¿Qué construimos?

¿A qué damos importancia?

¿A qué se la quitamos?

¿En qué pensamos?

¿A qué atendemos?

¿Cómo actuamos cuando nadie nos ve?

¿Qué ignoramos?

¿Qué defendemos?

¿A qué y a quién dedicamos nuestro tiempo?

Estas preguntas y otras nos pueden ayudar a identificar mejor la manera en que vivimos.

Es en nuestra vida diaria donde manifestamos lo que somos y lo que llevamos dentro.

Aunque puedan no ser agradables los hechos que responden a estas preguntas, necesitamos tenerlas en cuenta para descubrir mejor dónde estamos realmente.

Si no sabemos dónde estamos, no sabremos qué mejorar.

Abrirnos a esa información, valorarla y actuar en consecuencia forma parte de hacer de nuestra vida un proceso continuo de investigación.

¿Cómo desenvolver nuestro estado de conciencia?

No lo sabemos de manera acabada, por eso necesitamos investigar en nuestra vida, con la ayuda de nuestra vocación y un método que lo facilite, cómo realizarlo.

Sin el proceso de investigación en nuestra vida diaria, nos hacemos ignorantes de la información real de lo que estamos generando con nuestra vida.

Sin esa información, recorrer un camino de desenvolvimiento se convierte en algo aleatorio dependiente del azar para que ocurra.

Hacemos del desenvolvimiento espiritual una teoría que solo está en nuestras cabezas mientras nuestra vida sigue igual.

Seguir viviendo encerrados en nosotros mismos hace que el desenvolvimiento sea una fantasía, no una realidad.

La actitud investigadora no garantiza un determinado resultado. Facilita que nos apoyemos en la realidad de lo que ocurre y de lo que es. De esa manera, tenemos más información para actuar en lo que se va necesitando para armonizar nuestro anhelo y nuestra vida en una única realidad.

¿Hay una única realidad o cada uno tiene la suya?

Cada uno de nosotros cree tener la real.

Observemos lo que ocurre más allá de nuestros planteamientos, tengamos esa información en cuenta y actuemos en consecuencia abiertos a que nuevas evidencias puedan cambiar nuestra visión de la realidad.

Necesitamos hacer de nuestra vida espiritual una realidad que manifieste unos valores y un bien evidente para todos. Que ayude a desenvolver el estado de conciencia, de manera evidente, del ser humano. En lo cotidiano.

Nuestra vida cotidiana es el campo de observación real que todos tenemos para comprobar nuestro proceso de desenvolvimiento.

Al hacer de ella un terreno de investigación, podemos comprobar los resultados de nuestras acciones a todos los niveles y a dónde nos llevan y, de esa manera, podemos corregir o mejorar el rumbo que emprendemos al recorrer el camino del desenvolvimiento de nuestra conciencia.

Sin esa información será más fácil seguir engañándonos.

Sin esa información estamos ciegos para caminar.

Nuestras opiniones, nuestros supuestos nos son útiles en ese camino, pero sin la observación real de por dónde estamos yendo es más fácil confundirnos y creer que estamos en un lugar al que nunca realmente llegamos porque nunca fuimos.

Hacer de nuestra vida diaria un campo cotidiano de investigación nos ayuda a desenvolver el proceso místico cada día.

La mística de unión será así más fácilmente la realidad cotidiana de nuestras vidas.

Tomar distancia

Tenemos tendencia a quedarnos pegados a lo que vivimos.

Si la experiencia nos parece que dio buenos resultados, queremos repetirla intentando volver una y otra vez a vivir lo que ya vivimos. Si la juzgamos como negativa nos quedamos enganchados a los juicios que hacemos sobre lo que creemos que pasó y lo que hicimos.

La fijación a esas opiniones es tan fuerte que solo recordamos lo que nos decimos y no lo que pasó.

Conseguimos una habilidad, la conquistamos y nos identificamos con ella.

Nuestra tendencia a quedarnos en los discursos que nos decimos de lo que vivimos y de lo que los demás viven es tan fuerte que creemos que vivir es vivir así. Y que no podemos hacerlo de otra manera.

¿No podemos?

Construir discursos sobre la realidad forma parte de la manera en que interpretamos el mundo. Interpretar el mundo, lo que vivimos y a nosotros mismos es parte de nuestra capacidad de reflexionar sobre lo que vivimos.

Reflexionar nos ayuda a darnos cuenta mejor de lo que vivimos y de nosotros mismos.

Darnos cuenta mejor de la realidad es una característica del desenvolvimiento de nuestra conciencia.

Cuanto mejor vemos la realidad, mejor podemos atender a lo que se necesita.

Nuestras visiones no nos limitan. Aunque sean limitadas. Lo que nos limita es la manera en la que nos relacionamos con ellas.

Apegarnos a nuestras visiones, identificarnos con ellas nos cierra la posibilidad de poder verlas mejor, identificando mejor sus límites, sus consistencias, sus fundamentos.

Cuanto más defendemos nuestra visión, peor vemos.

Cuanto peor vemos nuestra visión, peor vemos sus límites y más nos confundimos.

No solo tendemos a apegarnos a nuestras interpretaciones, también lo hacemos a nuestra manera de vivir, a lo que vivimos, pensamos, sentimos.

En vez de descubrir cómo vivimos, construimos interpretaciones que creemos que muestran nuestra manera de vivir, pensar o sentir.

Identificarnos con la visión que nos hacemos de nosotros mismos, forma parte de nuestra identificación con el mundo personal que construimos. La identificación con nuestro mundo personal nos encierra en él, confunde nuestra visión de la realidad y de nosotros mismos.

Nos hace creer que el mundo es como yo me digo. Y que yo mismo y los demás también son así.

Desde esa identificación no podemos ayudar. No podemos ver.

Para poder ayudar necesitamos identificar la necesidad tal como es. Si no la vemos, no la podemos atender.

Nuestras identificaciones cotidianas nos encierran en nuestro mundo personal. Y lo construyen. Progresivamente. Sin darnos cuenta de lo que nos está pasando y de lo que no vemos.

Parece que la vida es así. Y no tiene solución.

Parece que mi vida es así. Y no puede ser de otra manera.

Parece que soy así. Y no puedo ser distinto.

Nuestra tendencia a apegarnos a lo que nos decimos que es nuestro mundo personal es una manera en la que nos relacionamos con todo lo que lo forma. El apego no es la única manera en la que podemos relacionarnos.

Nombramos aquí apego a la relación de dependencia que establezco con algo con lo que me identifico generalmente de manera inconsciente.

Podemos aprender otra manera de relacionarnos. Podemos hacerlo de una manera más expansiva con lo que vivimos y con nosotros mismos en nuestra vida cotidiana.

Ese aprendizaje nos ayuda a expandir nuestro estado de conciencia y colaborar mejor en generar un bien para todos.

Necesitamos aprender a poner distancia de lo que vivimos, de lo que hacemos y vemos.

Poner distancia nos ayuda a desapegarnos de las construcciones que hacemos de nosotros mismos, de lo que vivimos, de lo que nos pasa, de lo que pensamos, de lo que nos creemos que soy. De lo que nos creemos que es.

Desapegarnos no es dejar de pensar o dejar de sentir o dejar de responder y actuar. No es no tener consistencia. No es negar la vida.

El desapego progresivo de lo que me digo que soy, me saca de la dependencia de mi mundo personal. Y de esa manera amplia mi visión de lo que me rodea y de mí mismo.

Esforzarme en ver qué más hay además de lo que ya veo, pienso y siento, me ayuda a tomar distancia de mí mismo. Ese esfuerzo flexibiliza mis creencias y me ayuda a no tapar la realidad con mi mundo personal.

El desapego de mí mismo me abre a un mundo nuevo.

Desapegarme de mí mismo no es convertirme en un extraño de mí mismo, ni enajenarme de mí. Es salir de la identificación y dependencia de las características que forman la personalidad que creo que soy. Y de esa manera poder descubrir quién realmente soy.

Al ampliar mi visión puedo conocerme mejor a mí mismo y descubrir lo que antes ignoraba.

Al ampliar mi visión, puedo darme cuenta mejor de lo que vivo, de cómo vivo, de mi manera de pensar, de sentir, de actuar.

Darme cuenta de lo que me rodea. Del más acá y del más allá. Y de los límites que pongo. Darme cuenta mejor de la realidad, así como es.

Poder ver mejor los límites que pongo no los hace desaparecer. Desapegarme de ellos me ayuda a ir más allá de ellos. Al hacerlo, expandimos nuestras posibilidades.

¿Qué nos ayuda a desapegarnos en nuestro día a día?

Abrir espacio entre mi manera de pensar y sentir y lo que es. Abrir espacio es el esfuerzo de ver lo que veo mientras lo veo abierto activamente a una mejor visión de lo que es.

Relacionarme de manera provisional con mi visión abierto a nuevas informaciones y evidencias.

Buscar el desapego abriéndome a lo que no se, a *la retroalimentación* de la vida, de los demás.

Investigar la retroalimentación que recibo y lo que me muestra superando la resistencia a dejar mi visión y poder atender y validar lo que se necesita para generar una realidad mejor para todos.

Atreverme a verme, identificando mi manera de pensar, sentir y actuar y lo que cada una de ellas genera.

Poner distancia de mí mismo me ayuda a descubrir lo que se necesita para el desenvolvimiento espiritual. Y concretarlo.

Mi vida cotidiana es el escenario donde poner distancia de lo que me digo de mí mismo y de lo que vivo.

Poner distancia de mí mismo me ayuda a incluir en mí lo que antes me era ajeno. Y descubrir una realidad más amplia que antes ignoraba.

Ese proceso de inclusión me enseña a recorrer la mística de unión en mi vida cotidiana.

Sembrar diariamente un mundo mejor

Cada día sembramos semillas en nuestra vida y en la vida. Las sembramos con nuestra mente, con nuestros sentimientos, con nuestras acciones, con nuestras palabras, con el uso que hacemos del tiempo.

Cada uno de esos aspectos y muchos otros de nuestra vida tienen efectos en la propia vida. La mayor parte de esos efectos nos pasan desapercibidos no porque no podamos verlos sino porque no les ponemos atención.

No solemos tener el hábito de ver conscientemente las consecuencias de lo que hacemos.

Como no identificamos los efectos tampoco identificamos lo que contribuyó a originarlos. No relacionamos el origen con el efecto. El resultado es que mantenemos los comportamientos ignorando lo que generamos con ellos.

Nuestra ignorancia muchas veces voluntaria no cambia los efectos que contribuimos a generar.

Nuestra insconsciencia de algo no anula la existencia de ese algo y su influencia.

Todos los días con nuestra vida sembramos semillas que van a crecer donde estamos y desde ahí difundirse al resto de la realidad

Las sembramos con nuestras capacidades y también las sembramos con nuestra atención.

Con nuestra atención alimentamos unas posibilidades u otras. En nosotros crece aquello a lo que ponemos atención.

Nuestra realidad cotidiana es como es porque entre todos la alimentamos de esa manera.

La alimentamos con nuestra atención y la calidad de nuestros pensamientos, sentimientos, palabras, acciones.

Cada día sembramos el campo de posibilidades que todos vamos a vivir. Cada día abrimos un horizonte u otro.

La calidad con la que empleamos nuestros recursos y la calidad de los recursos que empleamos condiciona la calidad de vida y las posibilidades que generamos.

Todos creemos que las semillas que sembramos son las mejores. ¿Lo son? Atrevámonos a mirar los efectos que producen. Ellos nos dirán qué hemos sembrado.

A través de nuestra siembra diaria abrimos mundos o los cerramos, nos unimos o nos separamos, ayudamos a generar mejores posibilidades y un mundo mejor para todos o solidificamos nuestro egoísmo y nuestras barreras.

¿Qué mundo queremos generar?

Colaborar en un mayor desenvolvimiento de nuestra conciencia y de la del ser humano exige nuestro compromiso con esa tarea y cuidar la calidad de lo que sembramos.

Comprometernos con el desenvolvimiento no garantiza un buen resultado, pero si garantiza que la respuesta que daré, al menos, será seguir intentando buscar ese bien. Sin compromiso es más fácil abandonar un sendero.

Cuidemos:

Dónde ponemos nuestra mente. ¿Qué pensamientos generamos?

Dónde ponemos nuestro corazón. ¿Qué sentimientos alimentamos?

Dónde ponemos nuestras acciones. ¿Qué acogemos o despreciamos con ellas?

Dónde ponemos nuestras palabras. Con ellas acariciamos y sostenemos o agredimos y rechazamos.

Qué hacemos con nuestro tiempo. Atendemos solo a nuestras necesidades o colaboramos en mejorar las necesidades de todos.

No todas las semillas que lanzamos siembran el desenvolvimiento espiritual.

Atrevámonos a lanzar semillas de comprensión, compasión, apertura, luz, alegría, humildad, participación.

Plantemos semillas de unión en nuestra vida cotidiana. Nuestra unión será la consecuencia de esa siembra.

Trascendencia

Llamamos aquí trascendencia a un escenario de la realidad más amplio que el que nosotros tenemos por nuestros conocimientos, creencias o características de nuestra personalidad corriente y de nuestro mundo conocido.

Ese campo de realidad que tenemos define la amplitud de nuestro mundo personal.

El campo de la trascendencia es el campo de lo desconocido de la vida. De lo que no sabemos. Y de lo que ni siquiera sabemos que no sabemos.

Allá donde terminan nuestros límites conocidos de la realidad, empieza el campo de lo desconocido.

Nuestra relación habitual con ese campo es ignorarlo o tratar de definirlo con nuestros patrones de lo conocido.

Nos cuesta reconocerlo y detenernos ante él, abiertos, expectantes. Atentos. En silencio.

El silencio profundo es el lenguaje que nos comunica con lo desconocido, con el misterio de la vida. Con el campo de la trascendencia.

Solo el profundo silencio interior nos mantiene abiertos a esa realidad de la realidad.

El ruido nos la confunde. Nos hace ignorantes.

Lo desconocido no está en un más allá que no se sabe dónde está. Está aquí y ahora. En cada día. Lo conocido y lo desconocido conviven en nuestra realidad cotidiana.

Junto a lo que sabemos y lo que creemos saber, está también el campo inmenso de realidad que ignoramos.

Lo desconocido forma parte de nuestras vidas. Permanentemente buceamos en ello.

Lo desconocido forma parte de nosotros. Aunque podemos saber mucho de uno mismo y de los demás, es mucho más lo que ignoramos de nosotros, de los otros y de lo otro.

En cada instante nuestra mirada se detiene en lo conocido. Y ahí se queda. Lo desconocido nos pasa desapercibido. No lo tenemos en cuenta.

¿Podemos abrirnos a lo desconocido sin dejar de tener en cuenta lo conocido?

¿Podemos trabajar con lo que sabemos, abiertos a lo que no sabemos?

¿Podemos movernos con nuestras características abiertos al misterio de la Vida, a la Divina Madre?

¿Podemos levantar nuestra mirada y mirar más allá de lo que ya vemos?

Podemos si queremos hacerlo. Podemos aprender a vivir así.

¿Por qué es interesante hacerlo?

Porque flexibiliza y abre nuestra mirada, agiliza nuestros pasos. Nos libera del esfuerzo de encerrarnos en un conocimiento parcial de la realidad.

Podemos apoyarnos en todo lo que sabemos, si realmente lo sabemos, y abrirnos a lo desconocido. A la Divina Madre. Siempre dispuestos a descubrir. Siempre dispuestos a aprender.

Cuando desplazamos los límites de nuestro mundo conocido, desenvolvemos el mundo en que vivimos.

Desenvolver el mundo en que vivimos, forma parte del desenvolvimiento espiritual.

Abrirnos a lo desconocido permanentemente en nuestra vida cotidiana e investigarlo, higieniza nuestra mirada y nuestro mundo. Revitaliza nuestra vida.

¿Qué nos ayuda a abrirnos a lo desconocido en nuestra vida cotidiana?

Abrirnos a la enseñanza que la vida nos da permanentemente. El encuentro con la enseñanza es el encuentro con lo desconocido. Abrirnos es hacernos permeables a este encuentro en lo cotidiano.

Abrirnos implica tener en cuenta y buscar lo que no sabemos para descubrirlo. No es un movimiento de confirmación de lo que ya se. Es un movimiento de permitir que entre en uno lo que es. Así como es.

Distinguir lo posible como posible, lo probable como probable y lo evidente como evidente. Todo lo que no es evidente puede ser posible y a veces también probable, pero mientras no sean evidentes, son hipótesis de trabajo que necesitan confirmación.

Tener una opinión no es ver. Es tener una hipótesis que puede ser cierta o no. Y que siempre necesita ser verificada.

Nuestra mirada a lo desconocido necesita saber diferenciar lo posible, lo probable y lo evidente.

Comunicarnos con la vida de la que formamos parte a través del silencio interior profundo.

Buscar la Enseñanza que alimenta y mueve nuestro anhelo de desenvolvimiento espiritual.

La Enseñanza es lo que me muestra una realidad y unas posibilidades desconocidas previamente.

La Enseñanza es el lenguaje en el que lo desconocido se comunica con nosotros. Siempre está accesible y presente, mostrándonos lo que necesitamos descubrir y aprender.

El encuentro con la Enseñanza abre nuestros límites. Nos permite transitar en lo desconocido. Expande nuestra conciencia. Expande nuestra vida.

La Enseñanza de la que aquí hablamos no es un concepto intelectual ni una sensación. Es una apertura vital interior que nos penetra y nos moviliza. Abre nuestra conciencia.

El descubrimiento de la Enseñanza no son vislumbres de algo diferente ni experiencias sensitivas expansivas.

Es una apertura estable de nuestra conciencia que incorpora en nuestra vida la nueva realidad descubierta.

El silencio interior es el lenguaje con el que nos comunicamos con lo desconocido.

En el silencio interior, mi mundo conocido se detiene. Solo queda lo que es.

A través del silencio, lo desconocido de la Vida, la Divina Madre habita en nosotros y nosotros en Ella.

En el proceso del desenvolvimiento espiritual necesitamos ir más allá de nuestros mundos personales. No porque sean negativos sino porque son limitados. Esas limitaciones refuerzan nuestra ignorancia. Nuestra ignorancia genera separatividad, manipulación y dolor.

Para poder ayudar mejor, necesitamos ver mejor. Para poder ver mejor, necesitamos superar los límites de mis intereses y mi mundo personalista.

Mi mundo personalista es el mundo limitado por las características, intereses y movimientos de mi personalidad habitual que me autocolocan en el centro de la realidad.

Mi mundo personalista solo tiene en cuenta mi propio mundo y me convierte en el único protagonista de la realidad.

Si no amplío ese mundo, refuerzo mi ignorancia. Lo amplío abriéndome a lo que no se e incluyendo en él cada vez más realidad.

La realidad del otro y de lo otro empieza donde terminan mis límites personales.

Incorporar a mi mundo cotidiano una mirada más amplia que la de mi mundo personal flexibiliza la rigidez de mis límites personales.

Una mirada trascendente cambia mi mundo y de esa manera mi vida.

Una mirada trascendente es la que se abre humildemente a lo desconocido y se queda ahí. En silencio profundo. Incluyendo esa mirada en mi realidad cotidiana.

Nombrar a lo desconocido es nombrar a la Divina Madre.

Cuando incorporamos a la Divina Madre de manera abierta y humilde a nuestra realidad conocida cotidiana, nos abrimos a hacer de la mística de la unidad nuestra realidad habitual.

Unión

Unirnos transforma nuestra vida. Cuando nos unimos somos diferentes. Todo es en uno. Uno es en todo.

Al unirnos incluimos en nosotros lo que antes colocábamos afuera.

Al unirnos expandimos los límites con los que nos definíamos a nosotros mismos. Ahora son otros límites, dentro de los cuales está lo que antes no estaba.

Unirnos cambia la naturaleza de lo que somos. Antes éramos separados. Eso es una naturaleza. Ahora somos otra formada con lo que nos hemos unido. Eso es otra naturaleza diferente.

Los parámetros personales con los que antes me identificaba y me definían ya no están.

Al unirnos nuestra mente, nuestro corazón, nuestro ser es otra mente, otro corazón, otro ser.

Al unirnos no hay uno y otro. No hay el uno y el otro que antes había. Ahora hay solo uno. Un uno nuevo que no es el que era. El uno que era ya no es.

Unirse no es sumar partes que antes estaban separadas. No es juntarlas. Es incluirlas, fusionándose en una sola realidad. Siendo una sola realidad.

Es ser otra unidad donde no hay partes. Solo hay esa nueva unión. Una nueva unión que une. Un nuevo ser que no es el anterior. Solo hay el uno que ahora es. Que no es el que antes era.

Desde nuestra conciencia separada nos cuesta descubrir la unión y vivirla.

Cuando la realizamos, la descubrimos.

Cuando nos unimos la vivimos. Cuando nos unimos no hay diferencia entre el otro y uno. No hay otro ni uno. Solo hay lo que es. Una sola unidad.

La mística nos enseña a desaparecer personalmente siendo uno con lo que es.

Esa unión es posible cuando desaparece mi identificación con mi mundo personal. Cuando desaparece el uno personal que creo que soy.

La desaparición personal nos enseña a vivir la mística. La renuncia a mi mundo personal nos abre la puerta a la mística

Nuestra vida cotidiana es el campo donde realizar esta unión.

Si no es ahí, ¿dónde realizarla?

Si no es ahora, ¿cuándo vivirla?

Si no es en uno, ¿quién se une?

¿Qué nos ayuda a realizar esta unión en nuestra vida cotidiana?

Incorporar en uno a los demás

Independientemente de cómo piensen o a qué dan importancia.

Integrar en uno a los demás no significa pensar lo mismo o valorar las mismas cosas.

Significa unirnos en lo fundamental que nos une: nuestra condición de seres humanos con todo el universo de posibilidades.

Reconocer esa unión fundamental, buscarla, alimentarla, cultivarla y dejar que esa conciencia guíe nuestros pasos.

Unidos en lo fundamental y actuando en consecuencia, guiados por esa conciencia de unión, nada de lo que podría separar en otra conciencia nos separa ahora.

Pensar diferente no separa. Las características diferentes de cada persona no separan.

La conciencia de estar unidos como seres humanos hace que las diferencias no separen. La conciencia de ser un organismo común integra las diferencias. Nos coloca en otra dimensión.

Incorporar a alguien no es sumarle ni añadirle. No es hacerse uno mismo más grande o más gordo.

Incluir lo que antes ponía fuera de mí, cambia la propia naturaleza de lo que antes era uno. Ahora es el uno que ahora es. Con todos. En todos.

¿Cómo incorporamos en lo cotidiano a los demás?

Poniendo nuestra mirada en los demás y no solo en uno. Levantando nuestra mirada hacia los demás. Descubriendo a quien antes ignoraba. Sin juzgar. Viendo. Incluyendo.

Acogiendo con nuestra mirada y nuestro ser a los demás. Reconociendo en uno a los demás.

Si el otro está en uno, si somos uno, así se manifiesta en todo lo que forma la propia vida.

Los intereses y los movimientos que reflejaban antes mi indiferencia real de los demás y mi conciencia separada, ahora evidencian la conciencia de unión.

Nuestra mente, nuestro corazón, nuestras acciones expresan esa unión. La transmiten. Nos abren a esa realidad superando lo que lo dificulta.

Si expresan otra cosa, seguimos en el mismo lugar del que no nos hemos movido.

Incorporar en uno lo que nos rodea

Asombrados y arrobados en silencio por la realidad de la que formamos parte.

Desenvolviendo la humildad de no ser nada. De no saber nada. De no ser algo personalmente.

El proceso místico de superación de mi mundo personalista me une a los demás, a lo demás. Me une a lo que es. Me une a la Divina Madre.

En el estado de unión superamos nuestras diferencias. Y la ignorancia que nos separa.

Nuestra ignorancia nos presenta una realidad separada y fragmentada como si fuera la realidad. Y nos impulsa a movernos separando y dividiendo.

Cuanto más ignorantes somos, más dividimos.

Cuanto mejor vemos, mejor descubrimos la unidad. Mejor la reconocemos.

Desenvolver nuestro estado de conciencia nos enseña a ver mejor.

Cuanto mejor vemos, mejor vivimos la unidad.

Unirnos cada vez más, cada vez mejor, expresa de manera real y evidente nuestro estado de desenvolvimiento.

El estado de unión se manifiesta permanentemente en lo cotidiano en la manera de vivir y relacionarnos con quien nos rodea, con lo que vivimos, con lo que nos rodea.

La unidad solo es posible desde la desidentificación de mi yo personal.

El proceso de desaparición lo concretamos en nuestra vida cotidiana y lo evidenciamos en la manera en que nos relacionamos con todo. Instante tras instante. Es nuestra vida cotidiana la que muestra nuestra realidad de qué vivimos, para quién vivimos y qué conciencia tenemos.

El proceso místico en nuestra vida cotidiana nos enseña a unirnos con nuestros pensamientos, sentimientos, palabras, acciones a todo lo que nos rodea. A lo conocido y a lo desconocido.

Y a transmitir unión. Y a unir. Ayudando a que la unión sea una realidad para todos en nuestras vidas.

El desenvolvimiento de la mística de unión no termina nunca. No hay un punto final de llegada. ¿Dónde poner el fin de la unión?

Cuando nos unimos hacemos realidad la mística en nuestra vida cotidiana. Y mostramos que es una realidad posible para todos los seres humanos.

El desenvolvimiento de la mística de unión es un proceso permanente de desaparición de mi mundo personalista en la Divina Madre.

Ese proceso nos une a la Divina Madre en este instante. En cada instante. Desapareciendo en Ella.

En esa unión solo Ella es.

Quien quiera ponerse en contacto con el autor, puede hacerlo en el siguiente mail:

unionfbe@gmail.com